This book belongs to:

_____

Essential Information

My Details

Name

Address

Contact Number

Email

Passport Number

Country of issue

Medical info

Emergency Contact

Name

Relationship

Address

Contact Number

Email

Insurance Info

Provider

Policy Number

Contact Number

Embassy Info

Where next?

Depart	Return	Location	Page no
			1
			5
			9
			13
			17
			21
			25
			29
			33
			37
			41
			45
			49
			53
			57
			61
			65
			69
			73
			77
			81
			85
			89
			93
			97
			101
			105
			109

1   My Trip To _____

Departure Date	_____	Return Date	_____
Flight No		Flight No	
Airport		Airport	
Departure Time		Departure Time	
Arrival Time		Arrival Time	
Transport to Airport		Transport to Airport	
Transport to Accommodation		Transport to Home	
Accommodation			

Things to pack

_____	☐	_____	☐
_____	☐	_____	☐
_____	☐	_____	☐
_____	☐	_____	☐
_____	☐	_____	☐
_____	☐	_____	☐
_____	☐	_____	☐
_____	☐	_____	☐
_____	☐	_____	☐
_____	☐	_____	☐
_____	☐	_____	☐
_____	☐	_____	☐
_____	☐	_____	☐
_____	☐	_____	☐
_____	☐	_____	☐

Trip Planning

Places to try eating at

Places to see

Activities to try

Transport information

Trip Itinerary

Date	Time	Activity/Event

My Trip To _____

Departure Date	————	Return Date	————
Flight No		Flight No	
Airport		Airport	
Departure Time		Departure Time	
Arrival Time		Arrival Time	
Transport to Airport		Transport to Airport	
Transport to Accommodation		Transport to Home	
Accommodation	————		

Things to pack

☐   ☐
☐   ☐
☐   ☐
☐   ☐
☐   ☐
☐   ☐
☐   ☐
☐   ☐
☐   ☐
☐   ☐
☐   ☐
☐   ☐
☐   ☐
☐   ☐
☐   ☐

Places to try eating at

Places to see

Activities to try

Transport information

Trip Itinerary

Date	Time	Activity/Event

My Trip To _____

Departure Date	_____	Return Date	_____
Flight No		Flight No	
Airport		Airport	
Departure Time		Departure Time	
Arrival Time		Arrival Time	
Transport to Airport		Transport to Airport	
Transport to Accommodation		Transport to Home	
Accommodation			

Things to pack

- ☐ _____
- ☐ _____
- ☐ _____
- ☐ _____
- ☐ _____
- ☐ _____
- ☐ _____
- ☐ _____
- ☐ _____
- ☐ _____
- ☐ _____
- ☐ _____
- ☐ _____
- ☐ _____
- ☐ _____
- ☐ _____

- ☐ _____
- ☐ _____
- ☐ _____
- ☐ _____
- ☐ _____
- ☐ _____
- ☐ _____
- ☐ _____
- ☐ _____
- ☐ _____
- ☐ _____
- ☐ _____
- ☐ _____
- ☐ _____
- ☐ _____
- ☐ _____

Trip Planning

Places to try eating at

Places to see

Activities to try

Transport information

Trip Itinerary

Date	Time	Activity/Event

Notes

My Trip To _____

Departure Date	_____	Return Date	_____
Flight No		Flight No	
Airport		Airport	
Departure Time		Departure Time	
Arrival Time		Arrival Time	
Transport to Airport		Transport to Airport	
Transport to Accommodation		Transport to Home	
Accommodation	_____		

Things to pack

- ☐ _____
- ☐ _____
- ☐ _____
- ☐ _____
- ☐ _____
- ☐ _____
- ☐ _____
- ☐ _____
- ☐ _____
- ☐ _____
- ☐ _____
- ☐ _____
- ☐ _____
- ☐ _____

- ☐ _____
- ☐ _____
- ☐ _____
- ☐ _____
- ☐ _____
- ☐ _____
- ☐ _____
- ☐ _____
- ☐ _____
- ☐ _____
- ☐ _____
- ☐ _____
- ☐ _____
- ☐ _____

Trip Planning

Places to try eating at

Places to see

Activities to try

Transport information

Trip Itinerary

Date	Time	Activity/Event

My Trip To _____

| Departure Date | ———————— | Return Date | ———————— |

Flight No		Flight No	
Airport		Airport	
Departure Time		Departure Time	
Arrival Time		Arrival Time	
Transport to Airport		Transport to Airport	
Transport to Accommodation		Transport to Home	
Accommodation	————————		

Things to pack

☐ _____   ☐ _____
☐ _____   ☐ _____
☐ _____   ☐ _____
☐ _____   ☐ _____
☐ _____   ☐ _____
☐ _____   ☐ _____
☐ _____   ☐ _____
☐ _____   ☐ _____
☐ _____   ☐ _____
☐ _____   ☐ _____
☐ _____   ☐ _____
☐ _____   ☐ _____
☐ _____   ☐ _____
☐ _____   ☐ _____
☐ _____   ☐ _____

Trip Planning

Places to try eating at

_____
_____
_____
_____
_____
_____

Places to see

_____
_____
_____
_____
_____

Activities to try

_____
_____
_____
_____
_____

Transport information

_____
_____
_____
_____
_____
_____

Trip Itinerary

Date	Time	Activity/Event

My Trip To _____

Departure Date	_____	Return Date	_____
Flight No		Flight No	
Airport		Airport	
Departure Time		Departure Time	
Arrival Time		Arrival Time	
Transport to Airport		Transport to Airport	
Transport to Accommodation		Transport to Home	
Accommodation	_____		

Things to pack

☐ _____   ☐ _____
☐ _____   ☐ _____
☐ _____   ☐ _____
☐ _____   ☐ _____
☐ _____   ☐ _____
☐ _____   ☐ _____
☐ _____   ☐ _____
☐ _____   ☐ _____
☐ _____   ☐ _____
☐ _____   ☐ _____
☐ _____   ☐ _____
☐ _____   ☐ _____
☐ _____   ☐ _____
☐ _____   ☐ _____
☐ _____   ☐ _____

Trip Planning

Places to try eating at

Places to see

Activities to try

Transport information

Trip Itinerary

Date	Time	Activity/Event

My Trip To _____

Departure Date _____	Return Date _____

Flight No		Flight No	
Airport		Airport	
Departure Time		Departure Time	
Arrival Time		Arrival Time	
Transport to Airport		Transport to Airport	
Transport to Accommodation		Transport to Home	
Accommodation _____			

Things to pack

_____	☐	_____	☐
_____	☐	_____	☐
_____	☐	_____	☐
_____	☐	_____	☐
_____	☐	_____	☐
_____	☐	_____	☐
_____	☐	_____	☐
_____	☐	_____	☐
_____	☐	_____	☐
_____	☐	_____	☐
_____	☐	_____	☐
_____	☐	_____	☐
_____	☐	_____	☐
_____	☐	_____	☐
_____	☐	_____	☐

Trip Planning

Places to try eating at

Places to see

Activities to try

Transport information

Trip Itinerary

Date	Time	Activity/Event

My Trip To _____

Departure Date	————————	Return Date	————————
Flight No		Flight No	
Airport		Airport	
Departure Time		Departure Time	
Arrival Time		Arrival Time	
Transport to Airport		Transport to Airport	
Transport to Accommodation		Transport to Home	
Accommodation	————————		

Things to pack

	☐		☐
_____	☐	_____	☐
_____	☐	_____	☐
_____	☐	_____	☐
_____	☐	_____	☐
_____	☐	_____	☐
_____	☐	_____	☐
_____	☐	_____	☐
_____	☐	_____	☐
_____	☐	_____	☐
_____	☐	_____	☐
_____	☐	_____	☐
_____	☐	_____	☐
_____	☐	_____	☐
_____	☐	_____	☐

Trip Planning

Places to try eating at

Places to see

Activities to try

Transport information

31

Trip Itinerary

Date	Time	Activity/Event

My Trip To _____

Departure Date	————	Return Date	————
Flight No		Flight No	
Airport		Airport	
Departure Time		Departure Time	
Arrival Time		Arrival Time	
Transport to Airport		Transport to Airport	
Transport to Accommodation		Transport to Home	
Accommodation	————		

Things to pack

- ☐ _____
- ☐ _____
- ☐ _____
- ☐ _____
- ☐ _____
- ☐ _____
- ☐ _____
- ☐ _____
- ☐ _____
- ☐ _____
- ☐ _____
- ☐ _____
- ☐ _____
- ☐ _____
- ☐ _____

- ☐ _____
- ☐ _____
- ☐ _____
- ☐ _____
- ☐ _____
- ☐ _____
- ☐ _____
- ☐ _____
- ☐ _____
- ☐ _____
- ☐ _____
- ☐ _____
- ☐ _____
- ☐ _____
- ☐ _____

Trip Planning

Places to try eating at

Places to see

Activities to try

Transport information

Trip Itinerary

Date	Time	Activity/Event

My Trip To _____

Departure Date	_____	Return Date	_____
Flight No		Flight No	
Airport		Airport	
Departure Time		Departure Time	
Arrival Time		Arrival Time	
Transport to Airport		Transport to Airport	
Transport to Accommodation		Transport to Home	
Accommodation			

Things to pack

- ☐ _____
- ☐ _____
- ☐ _____
- ☐ _____
- ☐ _____
- ☐ _____
- ☐ _____
- ☐ _____
- ☐ _____
- ☐ _____
- ☐ _____
- ☐ _____
- ☐ _____
- ☐ _____
- ☐ _____

- ☐ _____
- ☐ _____
- ☐ _____
- ☐ _____
- ☐ _____
- ☐ _____
- ☐ _____
- ☐ _____
- ☐ _____
- ☐ _____
- ☐ _____
- ☐ _____
- ☐ _____
- ☐ _____
- ☐ _____

Places to try eating at

Places to see

Activities to try

Transport information

Trip Itinerary

Date	Time	Activity/Event

My Trip To _____

Departure Date	————————	Return Date	————————
Flight No		**Flight No**	
Airport		**Airport**	
Departure Time		**Departure Time**	
Arrival Time		**Arrival Time**	
Transport to Airport		Transport to Airport	
Transport to Accommodation		Transport to Home	
Accommodation	————————		

Things to pack

☐
☐
☐
☐
☐
☐
☐
☐
☐
☐
☐
☐
☐
☐
☐

Trip Planning

Places to try eating at

Places to see

Activities to try

Transport information

Trip Itinerary

Date	Time	Activity/Event

My Trip To _____

Departure Date	_____	Return Date	_____
Flight No		Flight No	
Airport		Airport	
Departure Time		Departure Time	
Arrival Time		Arrival Time	
Transport to Airport		Transport to Airport	
Transport to Accommodation		Transport to Home	
Accommodation	_____		

Things to pack

_____	☐	_____	☐
_____	☐	_____	☐
_____	☐	_____	☐
_____	☐	_____	☐
_____	☐	_____	☐
_____	☐	_____	☐
_____	☐	_____	☐
_____	☐	_____	☐
_____	☐	_____	☐
_____	☐	_____	☐
_____	☐	_____	☐
_____	☐	_____	☐
_____	☐	_____	☐
_____	☐	_____	☐
_____	☐	_____	☐

Trip Planning

Places to try eating at

Places to see

Activities to try

Transport information

Trip Itinerary

Date	Time	Activity/Event

My Trip To _____

Departure Date	_____	Return Date	_____
Flight No		Flight No	
Airport		Airport	
Departure Time		Departure Time	
Arrival Time		Arrival Time	
Transport to Airport		Transport to Airport	
Transport to Accommodation		Transport to Home	
Accommodation			

Things to pack

☐ _____ ☐
☐ _____ ☐
☐ _____ ☐
☐ _____ ☐
☐ _____ ☐
☐ _____ ☐
☐ _____ ☐
☐ _____ ☐
☐ _____ ☐
☐ _____ ☐
☐ _____ ☐
☐ _____ ☐
☐ _____ ☐
☐ _____ ☐
☐ _____ ☐

Trip Planning

Places to try eating at

Places to see

Activities to try

Transport information

Trip Itinerary

Date	Time	Activity/Event

My Trip To _____

Departure Date		Return Date	
Flight No		Flight No	
Airport		Airport	
Departure Time		Departure Time	
Arrival Time		Arrival Time	
Transport to Airport		Transport to Airport	
Transport to Accommodation		Transport to Home	
Accommodation			

Things to pack

- [ ] _____
- [ ] _____
- [ ] _____
- [ ] _____
- [ ] _____
- [ ] _____
- [ ] _____
- [ ] _____
- [ ] _____
- [ ] _____
- [ ] _____
- [ ] _____
- [ ] _____
- [ ] _____
- [ ] _____

- [ ] _____
- [ ] _____
- [ ] _____
- [ ] _____
- [ ] _____
- [ ] _____
- [ ] _____
- [ ] _____
- [ ] _____
- [ ] _____
- [ ] _____
- [ ] _____
- [ ] _____
- [ ] _____
- [ ] _____

Trip Planning

Places to try eating at

Places to see

Activities to try

Transport information

Trip Itinerary

Date	Time	Activity/Event

My Trip To _____

Departure Date	————	Return Date	————
Flight No		Flight No	
Airport		Airport	
Departure Time		Departure Time	
Arrival Time		Arrival Time	
Transport to Airport		Transport to Airport	
Transport to Accommodation		Transport to Home	
Accommodation	————		

Things to pack

- [ ]
- [ ]
- [ ]
- [ ]
- [ ]
- [ ]
- [ ]
- [ ]
- [ ]
- [ ]
- [ ]
- [ ]
- [ ]
- [ ]
- [ ]

Trip Planning

Places to try eating at

Places to see

Activities to try

Transport information

Trip Itinerary

Date	Time	Activity/Event

My Trip To _____

Departure Date		Return Date	
Flight No		Flight No	
Airport		Airport	
Departure Time		Departure Time	
Arrival Time		Arrival Time	
Transport to Airport		Transport to Airport	
Transport to Accommodation		Transport to Home	
Accommodation			

Things to pack

____	☐	____	☐
____	☐	____	☐
____	☐	____	☐
____	☐	____	☐
____	☐	____	☐
____	☐	____	☐
____	☐	____	☐
____	☐	____	☐
____	☐	____	☐
____	☐	____	☐
____	☐	____	☐
____	☐	____	☐
____	☐	____	☐
____	☐	____	☐
____	☐	____	☐

Trip Planning

Places to try eating at

Places to see

Activities to try

Transport information

Trip Itinerary

Date	Time	Activity/Event

My Trip To _____

Departure Date	————	Return Date	————
Flight No		Flight No	
Airport		Airport	
Departure Time		Departure Time	
Arrival Time		Arrival Time	
Transport to Airport		Transport to Airport	
Transport to Accommodation		Transport to Home	
Accommodation	————		

Things to pack

☐
☐
☐
☐
☐
☐
☐
☐
☐
☐
☐
☐
☐
☐
☐
☐

☐
☐
☐
☐
☐
☐
☐
☐
☐
☐
☐
☐
☐
☐
☐
☐

Trip Planning

Places to try eating at

Places to see

Activities to try

Transport information

Trip Itinerary

Date	Time	Activity/Event

My Trip To _____

Departure Date	_____	Return Date	_____
Flight No		Flight No	
Airport		Airport	
Departure Time		Departure Time	
Arrival Time		Arrival Time	
Transport to Airport		Transport to Airport	
Transport to Accommodation		Transport to Home	
Accommodation			

Things to pack

☐ _____ ☐ _____
☐ _____ ☐ _____
☐ _____ ☐ _____
☐ _____ ☐ _____
☐ _____ ☐ _____
☐ _____ ☐ _____
☐ _____ ☐ _____
☐ _____ ☐ _____
☐ _____ ☐ _____
☐ _____ ☐ _____
☐ _____ ☐ _____
☐ _____ ☐ _____
☐ _____ ☐ _____
☐ _____ ☐ _____
☐ _____ ☐ _____

Trip Planning

Places to try eating at

Places to see

Activities to try

Transport information

Trip Itinerary

Date	Time	Activity/Event

My Trip To _____

Departure Date	_____	Return Date	_____
Flight No		Flight No	
Airport		Airport	
Departure Time		Departure Time	
Arrival Time		Arrival Time	
Transport to Airport		Transport to Airport	
Transport to Accommodation		Transport to Home	
Accommodation	_____		

Things to pack

- ☐ _____
- ☐ _____
- ☐ _____
- ☐ _____
- ☐ _____
- ☐ _____
- ☐ _____
- ☐ _____
- ☐ _____
- ☐ _____
- ☐ _____
- ☐ _____
- ☐ _____
- ☐ _____
- ☐ _____

- ☐ _____
- ☐ _____
- ☐ _____
- ☐ _____
- ☐ _____
- ☐ _____
- ☐ _____
- ☐ _____
- ☐ _____
- ☐ _____
- ☐ _____
- ☐ _____
- ☐ _____
- ☐ _____
- ☐ _____

Places to try eating at

Places to see

Activities to try

Transport information

Trip Itinerary

Date	Time	Activity/Event

My Trip To _____

Departure Date		Return Date	
Flight No		Flight No	
Airport		Airport	
Departure Time		Departure Time	
Arrival Time		Arrival Time	
Transport to Airport		Transport to Airport	
Transport to Accommodation		Transport to Home	
Accommodation			

Things to pack

☐ ☐
☐ ☐
☐ ☐
☐ ☐
☐ ☐
☐ ☐
☐ ☐
☐ ☐
☐ ☐
☐ ☐
☐ ☐
☐ ☐
☐ ☐
☐ ☐
☐ ☐

Trip Planning

Places to try eating at

_____

_____

_____

_____

_____

Places to see

_____

_____

_____

_____

_____

Activities to try

_____

_____

_____

_____

_____

Transport information

_____

_____

_____

_____

_____

_____

Trip Itinerary

Date	Time	Activity/Event

My Trip To _____

Departure Date	_____	Return Date	_____
Flight No		Flight No	
Airport		Airport	
Departure Time		Departure Time	
Arrival Time		Arrival Time	
Transport to Airport		Transport to Airport	
Transport to Accommodation		Transport to Home	
Accommodation	_____		

Things to pack

- ☐
- ☐
- ☐
- ☐
- ☐
- ☐
- ☐
- ☐
- ☐
- ☐
- ☐
- ☐
- ☐
- ☐
- ☐

- ☐
- ☐
- ☐
- ☐
- ☐
- ☐
- ☐
- ☐
- ☐
- ☐
- ☐
- ☐
- ☐
- ☐
- ☐

Trip Planning

Places to try eating at

Places to see

Activities to try

Transport information

Trip Itinerary

Date	Time	Activity/Event

My Trip To _____

Departure Date	_____	Return Date	_____
Flight No		Flight No	
Airport		Airport	
Departure Time		Departure Time	
Arrival Time		Arrival Time	
Transport to Airport		Transport to Airport	
Transport to Accommodation		Transport to Home	
Accommodation	_____		_____

Things to pack

☐ _____ ☐ _____
☐ _____ ☐ _____
☐ _____ ☐ _____
☐ _____ ☐ _____
☐ _____ ☐ _____
☐ _____ ☐ _____
☐ _____ ☐ _____
☐ _____ ☐ _____
☐ _____ ☐ _____
☐ _____ ☐ _____
☐ _____ ☐ _____
☐ _____ ☐ _____
☐ _____ ☐ _____
☐ _____ ☐ _____
☐ _____ ☐ _____

Places to try eating at

Places to see

Activities to try

Transport information

Trip Itinerary

Date	Time	Activity/Event

My Trip To _____

Departure Date	_____	Return Date	_____
Flight No		Flight No	
Airport		Airport	
Departure Time		Departure Time	
Arrival Time		Arrival Time	
Transport to Airport		Transport to Airport	
Transport to Accommodation		Transport to Home	
Accommodation	_____		

Things to pack

	☐		☐
_____	☐	_____	☐
_____	☐	_____	☐
_____	☐	_____	☐
_____	☐	_____	☐
_____	☐	_____	☐
_____	☐	_____	☐
_____	☐	_____	☐
_____	☐	_____	☐
_____	☐	_____	☐
_____	☐	_____	☐
_____	☐	_____	☐
_____	☐	_____	☐
_____	☐	_____	☐
_____	☐	_____	☐

Trip Planning

Places to try eating at

Places to see

Activities to try

Transport information

91

Trip Itinerary

Date	Time	Activity/Event

My Trip To _____

Departure Date	_____	Return Date	_____
Flight No		Flight No	
Airport		Airport	
Departure Time		Departure Time	
Arrival Time		Arrival Time	
Transport to Airport		Transport to Airport	
Transport to Accommodation		Transport to Home	
Accommodation	_____		

Things to pack

- ☐ _____
- ☐ _____
- ☐ _____
- ☐ _____
- ☐ _____
- ☐ _____
- ☐ _____
- ☐ _____
- ☐ _____
- ☐ _____
- ☐ _____
- ☐ _____
- ☐ _____
- ☐ _____
- ☐ _____

- ☐ _____
- ☐ _____
- ☐ _____
- ☐ _____
- ☐ _____
- ☐ _____
- ☐ _____
- ☐ _____
- ☐ _____
- ☐ _____
- ☐ _____
- ☐ _____
- ☐ _____
- ☐ _____
- ☐ _____

Trip Planning

Places to try eating at

Places to see

Activities to try

Transport information

Trip Itinerary

Date	Time	Activity/Event

My Trip To _____

Departure Date	_____	Return Date	_____
Flight No		Flight No	
Airport		Airport	
Departure Time		Departure Time	
Arrival Time		Arrival Time	
Transport to Airport		Transport to Airport	
Transport to Accommodation		Transport to Home	
Accommodation			

Things to pack

- [ ] _____
- [ ] _____
- [ ] _____
- [ ] _____
- [ ] _____
- [ ] _____
- [ ] _____
- [ ] _____
- [ ] _____
- [ ] _____
- [ ] _____
- [ ] _____
- [ ] _____
- [ ] _____
- [ ] _____
- [ ] _____

Trip Planning

Places to try eating at

Places to see

Activities to try

Transport information

Trip Itinerary

Date	Time	Activity/Event

101

My Trip To _____

Departure Date	————	Return Date	————
Flight No		Flight No	
Airport		Airport	
Departure Time		Departure Time	
Arrival Time		Arrival Time	
Transport to Airport		Transport to Airport	
Transport to Accommodation		Transport to Home	
Accommodation	————————————————		

Things to pack

- ☐ _____
- ☐ _____
- ☐ _____
- ☐ _____
- ☐ _____
- ☐ _____
- ☐ _____
- ☐ _____
- ☐ _____
- ☐ _____
- ☐ _____
- ☐ _____
- ☐ _____
- ☐ _____
- ☐ _____

Trip Planning

Places to try eating at

Places to see

Activities to try

Transport information

Trip Itinerary

Date	Time	Activity/Event

Notes

My Trip To _____

Departure Date	_____	Return Date	_____
Flight No		Flight No	
Airport		Airport	
Departure Time		Departure Time	
Arrival Time		Arrival Time	
Transport to Airport		Transport to Airport	
Transport to Accommodation		Transport to Home	
Accommodation	_____		

Things to pack

☐ _____ ☐ _____
☐ _____ ☐ _____
☐ _____ ☐ _____
☐ _____ ☐ _____
☐ _____ ☐ _____
☐ _____ ☐ _____
☐ _____ ☐ _____
☐ _____ ☐ _____
☐ _____ ☐ _____
☐ _____ ☐ _____
☐ _____ ☐ _____
☐ _____ ☐ _____
☐ _____ ☐ _____
☐ _____ ☐ _____
☐   ☐

Trip Planning

Places to try eating at

_____

_____

_____

_____

_____

Places to see

_____

_____

_____

_____

_____

Activities to try

_____

_____

_____

_____

_____

Transport information

_____

_____

_____

_____

_____

_____

Trip Itinerary

Date	Time	Activity/Event

My Trip To _____

Departure Date	_____	Return Date	_____
Flight No		Flight No	
Airport		Airport	
Departure Time		Departure Time	
Arrival Time		Arrival Time	
Transport to Airport		Transport to Airport	
Transport to Accommodation		Transport to Home	
Accommodation	_____		

Things to pack

- ☐
- ☐
- ☐
- ☐
- ☐
- ☐
- ☐
- ☐
- ☐
- ☐
- ☐
- ☐
- ☐
- ☐
- ☐

- ☐
- ☐
- ☐
- ☐
- ☐
- ☐
- ☐
- ☐
- ☐
- ☐
- ☐
- ☐
- ☐
- ☐
- ☐

Trip Planning

Places to try eating at

Places to see

Activities to try

Transport information

Trip Itinerary

Date	Time	Activity/Event

Printed in Great Britain
by Amazon